操作手册

学习动力点燃师训练营工具箱

邓子贤 著

③

中国纺织出版社有限公司

内 容 提 要

本书从"看见孩子完整、立体、真实的生命"着手，为当代焦虑的家长和苦恼的学生提供了点燃学习动力、实现终身成长的指导方案。

通过梳理"学习动力点燃师训练营"的学习框架，我们给出"照镜子""力量日记""懂孩子日记""吐槽大会与契约型家庭会议""帮他行日记"的文字说明，辅助大家切实地制订因材施教的学习动力点燃方案。本书以学科学习为抓手，但不止于此，在前一版的基础上，我们更深入终身学习的底层原理，帮助所有家长和孩子成才又成人。

图书在版编目（CIP）数据

学习动力点燃师训练营工具箱 / 邓子贤著 . -- 北京：中国纺织出版社有限公司 , 2025. 3（2025.11重印）

ISBN 978-7-5229-2564-6

Ⅰ. G442；G78

中国国家版本馆CIP数据核字第2025FZ3017号

责任编辑：郝珊珊　　责任校对：王花妮　　责任印制：储志伟

中国纺织出版社有限公司出版发行

地址：北京市朝阳区百子湾东里A407号楼　邮政编码：100124

销售电话：010—67004422　传真：010—87155801

http://www.c-textilep.com

中国纺织出版社天猫旗舰店

官方微博 http://weibo.com/2119887771

鸿博睿特（天津）印刷科技有限公司印刷　各地新华书店经销

2025年3月第1版　2025年11月第3次印刷

开本：710×1000　1/16　印张：3.5

字数：55千字　定价：99.00元

拿到这本手册

恭喜你
踏上了生命教育之路

自学星球

本手册旨在梳理学习动力点燃师训练营的学习框架，并围绕训练营的部分核心练习，给出文字说明，辅助大家落地执行。

没人懂，我不行，学习动力等于零。

懂孩子，帮他行，主动学习我要赢。

——子贤老师

版权声明 ©

学习动力点燃师核心守则

我们相信"每个生命都了不起"
因为生命是一棵长满可能的树，不是达成了"某种标准"才了不起，而且每个生命都拥有自我超越的向往，都拥有自我超越的可能，所以我的孩子错不了。

我们相信"看见孩子完整、立体、真实的生命，积极天性一定自然绽放"
当我非常焦虑时，我的注意力有没有被内卷的环境带偏？
我有没有忽略了生命其他角度的美好？
我是不是没有看全"孩子语言或行为包含的三层信息"？

我们相信"育儿先爱己"
自天子以至于庶人，壹是皆以修身为本。
我自己也是一个生命，所以我拿不出自己没有的东西。
当我始终放不下焦虑时，我是不是没有看见自己完整、立体、真实的生命？

我们相信"成功才是成功之母"
越内卷，我们越要带着孩子在学习中找寻成就。
一步登天的完美只会激发恐惧，所以智慧父母做减法，因材施教定战略，
小步松弛促执行，发现问题要点赞。

我们相信"时间的力量"
教育最忌讳急功近利，教育最忌讳一劳永逸。
放下急于求成的期盼，教育不仅是批评和改错，更是不断坚持正确的事情，美好自然发生。

我们相信"终身学习"
成为学习动力点燃师，我们自己先要践行终身学习。
就从这21天开始，坚持打卡，不光是孩子，我们自己也值得成为更好的自己。

目录

导言

孩子的学习动力，是如何失去的

学习是生命的需要，但"内卷"批量塑造失败，摧残了生命的天性。

我们都经历过孩子的"学龄前"阶段，他们每天都有无数个"为什么"，他们渴望信息，甚至会因为认得了一个字，兴奋得手舞足蹈。

学习是生命的需要。亿万年的进化，赋予了人类独一无二的大脑——一个约占 2% 体重的器官，却消耗了人体 20% 左右的能量。

然而，一旦孩子的学习和"应试的内卷"挂钩，大量的学习者开始频繁体验失败，学习中的"成功体验"反而成为偶然。

更何况，学校、家庭都在"赶进度"，大量的孩子从小学一年级开始，就一头扎进了"知识的海洋"，忽略了学习技能的培养——不会学习，加速了失败的到来。集体的"标准统一"照顾不到"个体能力的差异"，更是放大了这种失败。

于是很多孩子在学习中，积攒了大量"我不行"的体验。

这时，如果教师、家长不理解孩子的失败，继续追逐"应试教育"的标准，甚至比学习者还要焦虑，"病急就会乱投医"——大量的老师和家长忽略孩子的情绪感受，比如一"拖拉磨蹭"就是态度问题，忽略技能，一味补充知识；比如成绩下降了就得赶紧"刷题""报班"，忽略了个体差异，同一个方法不出效果就是"不够努力"；给本就体验到"我不行"的孩子，带来了"二次伤害"——不但"我不行"，而且"没人懂"。

好比一个本来就不会游泳的孩子，边上的教练只想着要不然再游一会儿(刷题)，或者换个游泳池再浸泡一下，延长点时间(报班)，久而久之，孩子会被怕水的恐惧支配，还无处宣泄、没人理解，一步步陷入恶性循环——慢慢越来越讨厌学习。

而且今天的社会高度分工，让很多孩子除了家庭，没有太多的情绪出口，如果这个世界上与孩子最亲密的人，父母，也变成了"应试教育的延长线"，那么，更会爆发一系列的亲子冲突，把家长也推到孩子的对立面。没人懂，我不行，学习动力等于零。

如何点燃孩子的学习动力

用生命教育点燃孩子的学习动力，就是回归生命的常识，帮孩子从根上解决问题。懂孩子，帮他行，主动学习我要赢。

这个过程，大致分成五步。

第一步：照镜子，理解在"内卷"环境下，伤害孩子的十把武器。

父母和孩子日常的互动，最常用的工具就是"语言"，所以"内卷"环境下，伤害孩子的十把武器，其实是十种亲子沟通方式。

照镜子，就是通过案例学习，理解孩子的成长环境与我们自身的童年不同，这十种沟通方式可能会给孩子带来伤害。

哪怕改变不了环境，也不要成为"环境的放大器"。

这一步的关键，是认真学习训练营的"预习课"，并完成测评。

第二步：不仅知道，更能真的做到"停下来"。

知行合一并不简单，这里最大的难关是"家长自身的情绪"。在过往众多学员的实践中，我们发现，情绪不稳定并非家长的"过错"，而是有些家长的人生经历里有很多"遗憾"，甚至拥有"未曾疗愈的创伤"，让我们的内心缺乏力量，自己特别容易被"内卷"的环境影响。

所以我们提出"育儿先爱己"。

我自己也是一个生命，我拿不出自己没有的东西。

这一步的关键，是认真写"力量日记"。

第三步：看见孩子完整、立体、真实的生命。

其中，完整、立体的生命是指：学习、升学并非孩子生命的全部，我们不仅要知道，更要能真正做到多角度地看见孩子。

真实的生命是指：在"内卷"环境下，孩子会体验大量的失败，于是会产生消极的情绪、语言和行为，家长不要被这些表面的消极遮蔽双眼，而要看见孩子的失败，看见孩子的矛盾，甚至看见孩子的积极。

生命教育的基础假设是"每个生命生来就具备积极天性，就自发地具备向善、向上、向强的渴望"。

所以生命教育的第一性原理是"看见孩子完整、立体、真实的生命，积极天性自然绽放"。

　　这一步的关键，是认真写"懂孩子日记"。

第四步：哪怕环境很"卷"，能帮孩子在学习中初步找到成就。

　　虽然我们渴望帮孩子跳出"内卷"，但并非完全"躺平"。

　　因为客观地讲，中高考对很多家庭确实很重要，孩子也需要经历中考和高考这样的选拔，赢得更多的社会资源。

　　而且不功利地说，无论孩子未来做什么，总要学会学习。

　　所以在具体的学业上，有没有一条赢得应试、超越应试的路？

　　这就来到学习动力点燃师的第四个阶段：在充满失败的环境里，家长必须想方设法带孩子体验成就，哪怕是一些小成就。

　　第四步的关键，是学会一个简单的方法——"最近发展区检查法"，并通过"目标对话四要素"带着孩子落地，能够在每天的校内作业中，带着孩子从集体的标准里跳出来，初步做到"因材施教"。

　　想要真正做到这一点，需要家长认真写"帮他行日记"。

第五步：帮孩子系统地放大成就。

　　这一步的关键是具备孩子学习的全局视野，理解学习技能和知识的关系，判断孩子学业失败的"真问题"，而且能够在孩子的学习中融会贯通前几步提到的沟通方式，系统地帮助孩子学会学习。无论孩子的成绩好坏，重新建立"成就标准"。

　　这一步的关键，是学会为孩子制订"因材施教的学习动力点燃方案"。

学习动力点燃师，要拥有积极信念

教育工作者最大的不同，不是能力和方法的不同，而是信念的不同。

无论执行上述五步中的任何一步，积极的信念都能帮助大家事半功倍。而消极的信念容易让好的方法变味，让孩子感觉到"套路"。

何期自性，本自具足。

上文我们说过，生命教育的基础假设就是"每个生命生来就具备积极天性，就自发地具备向善、向上、向强的渴望"！

生命也天然地具备"好逸恶劳、趋利避害"的消极天性。

哪种天性最终会成为生命的主流，要看成长的环境喂养了哪种天性。

遗憾的是，"内卷"的环境下，大量家长满是担心地面对孩子，或者带着绝对化的标准要求孩子，就更容易看到缺点，甚至放大缺点，这是心理学中典型的"负面偏差"。

此外，陷入"负面偏差"的家长，教育孩子的过程中常常容易"过界"，包办替代，孩子的责任感越来越差，生命能量越来越萎缩。

甚至不止于此，有些家长还有特别强大的"负面剧本"，总把孩子往坏处想，而且因为剧本的存在，所以一旦孩子出现了"剧本中的行为或现象"，家长会异常焦虑，在家长的眼中，孩子仿佛也的确拥有了"越来越多问题"，孩子的"消极天性"也因此被放大，彻底陷入恶性循环。

担心就是诅咒，相信即是祝福。

点燃孩子的五步，都需要教育工作者拥有积极的信念！

拥有积极信念不是忽略缺点，而是接纳孩子——有缺点并非问题，而是正常。

拥有积极信念不是任由孩子犯错不管不顾，而是相信孩子自己拥有解决问题的意愿，永远不质疑自家孩子的积极动机，主要是情绪低落，或者缺乏技能。

拥有积极信念不是逃避问题，而是除了解决问题，更要聚焦做得好的地方，焦点在哪里，进步就在哪里，点燃和放大生命中本来就有的积极天性。

拥有积极信念更重要的是不要总焦虑地盯着孩子的问题，而是踏实地执行正确的事情。总当救火队员成就不了卓越，教育不仅是改错，更是不停执行正确的事情，做着做着，错误就会越来越少，甚至不会发生。

✓ 相信相信的力量。

✓ 相信每个生命都了不起。

✓ 相信每个生命，都自发地拥有向善、向上、向强的渴望。

建议你每天读一读学习动力点燃师的核心守则。

第一部分：照镜子，伤害孩子的十把武器

停止做错误的事，就是进步

伤害孩子的十把武器

1. 忽略情绪，直接提建议或解决方案
2. 评价，包括伪装成表扬或鼓励的评价
3. 催促与转移话题
4. 反问+我早就说过……
5. 反复讲道理，尤其是唠叨"讲过的道理"
6. 过度紧张与缺失边界
7. 警告、恐吓与负面剧本
8. 质疑，甚至为他人辩护
9. 比较与打压
10. 否定

详情请收听预习课

附：环境高度"内卷"时，学习动力点燃师的"十戒"

1. 总觉得自家孩子懒，不上进，没救了，质疑孩子的积极动机，忽略了"生命教育的第一性原理"。

2. 简单粗暴地把自己的遗憾、创伤投射给孩子，忽略了"爱自己"。

3. 只盯着孩子的学习，忽略了"生命其他的美好"。

4. 孩子说什么都特当真，忽略了"懂孩子"。

5. 成为应试教育的延长线，孩子达不到集体标准，就焦虑，随波逐流，别人干什么我就干什么，忽略了"因材施教"。

6. 陷入浩如烟海的知识，买买买，补补补，忽略了"技能"。

7. 拿到方法就想给建议，忽略了"目标对话四要素"。

8. 总想快一点，一步登天赶紧变化，忽略了"聚焦"。

9. 定了计划没执行，又很焦虑，忽略了"降级"。

10. 发现问题很焦虑，忽略了"发现问题，就是成功"。

第二部分：力量日记

育儿先爱己

为什么要写"力量日记"

面对孩子的成长，知道该怎么做却做不到，往往不仅是因为缺乏方法，也是因为内心缺乏力量。比如，明明希望自己能情绪平稳地说话，最终又忍不住炸毛；明明希望看见孩子的积极面，但还是忍不住把孩子往坏处想。

内心为什么缺乏力量？可能是我们的生命中有大量被压抑、没有被处理的情绪，慢慢形成了"潜意识"中的创伤。我们要把自己当成一个人看，有情绪不是错，是正常的生命反应，因此情绪不需要被压抑，而需要被觉察。

"力量日记"一方面能够帮助我们更好地看到内在的自我，处理那些曾经被压抑和埋藏的情绪；另一方面，可以通过"一件好事"培育我们的积极信念，所谓"不种鲜花，就长杂草"。

如何写"力量日记"

第一步：求真四问。

先帮自己回归当下，从"放大的情绪"里抽离。

1.我是不是想到未来的什么事了？我担心的事真的发生了吗？

2.我是不是想到过去的什么事了？我遗憾的事还能改变吗？

3.我了解孩子当下——学习中的"真问题"吗？（真问题往往是外部知识与孩子内在技能不匹配的问题）

4.我为什么总有这么大的情绪？我还要执着地改变孩子吗？是不是我自己的内在有什么创伤的种子，需要被看见？

第二步：定位创伤。

我的创伤可能是哪一类？我的创伤可能来自过往的哪个事件？

□ 关系创伤　　□ 成就创伤　　□ 自主创伤

第三步：自我内心对话。

试图找到曾经被压抑、没有被处理的情绪，和这个情绪"在一起"，通过重新觉察并表达，感受情绪逐渐回落，慢慢消散。

表达自己的情绪时，尽量使用"我信息"。

我信息 = 客观描述事实 + 我的感受。

比如，我的爸爸那次打我打得很严重，我感觉很无助，很害怕，既愤怒又悲伤。

不建议这样表达："我的爸爸那次打我打得很严重，他根本就不爱我，他怎么那么严厉。"

可以试试这样："我的爸爸那次打我打得很严重，我感到他根本就不爱我，我非常愤怒，也很害怕和无助。"

关键是将落脚点放在"我"的感受上，这样更方便我们和内心对话。

表达情绪时，要认真感受自己的感受，不要去逃避和压抑情绪。

比如，原来我们感到害怕时，可能不喜欢"害怕"，觉得"害怕不好"，想要"逃离害怕"，或者想"压抑害怕"；还有人会给自己心理暗示，"不要怕，有什么好怕的"，可事实上就是自己在"害怕"。压抑、逃离、心理暗示都是在"浪费能量"，让我们无法"面对害怕"。

那如果我们不压抑，不逃离，只是静静地看着"害怕"，和"害怕在一起"，会发生什么呢？

当我们开始接纳自己，你会发现，自己渐渐放松了，"害怕"慢慢消失了。

除了用语言表达"情绪词语"，还可以试一试冥想，关注自己的"身体感受"。

具体怎么做？

关注自己的呼吸，呼吸时努力把注意力聚焦到身体的某一个部位。比如肚子，也可以是其他身体比较紧张的部位。

开始呼吸，全力以赴感受"专注对象"。比如，专注肚子，就专注感受肚子的起伏；如果你专注的是当下比较紧张的部位，就全力以赴感受"专注对象"慢慢放松。

在关注过程中，可能会走神，脑海里可能会出现各种各样的杂念。若感受到了杂念，就重新把注意力移回"专注对象"，继续呼吸，继续感受"专注对象"的变化或者放松。

注意：

如果你确诊了抑郁症或其他心理疾病，那么建议你不要做自我疗愈，而是寻求专业的帮助。

对自己没有信心，或者不放心，也可以不开始。

在关注过程中，如果身体不舒服，请及时停止；或提前告知一个信任的人，请对方帮忙关注我们的"动静"。

第四步：记录自己的一件好事。

完成上述三个步骤后，接下来是尝试看见自己的小美好。比如，今天我自己消化了我的负面情绪，今天我完成了一次对自己的疗愈。

没有完成上面的步骤，也可以直接写下自己的一件好事。比如，今天又学习了一节课程，学的时候很投入，很专注；今天对快递小哥说了一声谢谢。

求真四问

1. 我是不是想到未来的什么事了？我担心的事真的发生了吗？

2. 我是不是想到过去的什么事了？我遗憾的事还能改变吗？

3. 我了解孩子当下——学习中的"真问题"吗？（真问题往往是外部知识与孩子内在技能不匹配的问题）

4. 我为什么总有这么大的情绪？我还要执着地改变孩子吗？是不是我自己的内在有什么创伤的种子，需要被看见？

定位创伤

☐ 关系创伤　　　　　　　　☐ 成就创伤　　　　　　　　☐ 自主创伤

让我踏上自我疗愈之旅，完成一次与自己内心的对话吧！
（特别提示：以下话语仅供参考，只是提供了一个引导或者开头）

_____（给内在受伤的自己取个名字），对不起，我原来可能忽略你了，或者在逃避你，今天我终于看到你了。

我感受到了，我是如此 _____

我感受到了，我是如此 _____

我感受到了，我是如此 _____

对不起，我以前没有觉察，我有这么多复杂的情感没有表达和处理。

我看到了我的 _____（创伤），虽然我现在已经长大了，但我原来一直在忽略，也许我知道你存在，但一直在压抑和逃避，甚至讨厌这个创伤，也讨厌受伤的自己。

我还看到了，所有的这些被压抑的 _____，是因为我的心底有对积极的向往，却没有被满足。我该接纳了，放下对 ____ 的执着。

我要疗愈自己，做家族负能量的切断者，不再把它传递给孩子。

一件好事
看见自己的小美好

特别提示：以下话语仅供参考，只是提供了一个引导或者开头

今天，我觉察到了情绪，没有让它肆意破坏，我不仅自己从负面情绪里走了出来，还疗愈了自己。

我看见了自己的创伤，我还重新找到了积极，我为自己点赞。

我自己的一件好事：

能感觉到创伤，但找不到或不愿面对创伤事件怎么办

关键是处理曾经被压抑的情绪，而非事件。觉察到了情绪，可以直接表达情绪。认真地感受自己的情绪，表达自己的情绪，就是和自己的内心对话。

退一万步讲，"单纯表达这次的情绪"也有用，当我们拥有了和孩子有关的情绪，也可以通过"力量日记"处理。利用"力量日记"我们就能做到既不冲孩子发脾气，也不压抑自我。

此外也可以直接写一件好事，锻炼自己的积极信念。锻炼内心的力量就像爬山。"处理曾经被压抑的情绪"就好比从阴面爬山，"写一件好事"就好比从阳面爬山，无论从哪里爬山，最终都可以到达山顶。

所以无论采用哪种方法，关键是践行，想都是问题，干就有答案。

感觉找不到"一件好事"怎么办

1. 做 3~5 次深呼吸，或者做 1~2 分钟冥想，帮助自己平静下来。
2. 闭上眼睛，像播放电影一样，在脑中回忆一下发生在今天的所有事情。
3. 边回忆，边尝试用下边的引导话语，发现一下和自己有关的美好。

关于自己

☐ 今天我身上，有没有一件事，经历时或经历后，让我感觉愉悦？

☐ 有没有一件事，我做完了，有成就感或收获感？

☐ 有没有一件事，我做完了，感觉促进了一段"关系"？（和孩子、父母、爱人、同事、朋友或陌生人……）

☐ 有没有一件事，不管回报如何，我做的时候感觉特别投入？

☐ 有没有一件事，之前可能不太会做，但今天比较主动去做了？

☐ 今天有没有在某个领域，更好地控制住了自己，更加自律？

☐ 今天有没有在某个领域，更加关注了自己的感受，更加"爱自己"？

关于自己关注的人或能够影响到自己的人

☐ 爱人（☐孩子，☐其他亲人，☐同事，☐朋友，☐其他人＿＿＿）有没有做一件事情，让我感觉愉悦或者欣赏？

☐ 爱人（☐孩子，☐其他亲人，☐同事，☐朋友，☐其他人＿＿＿）有没有做一件事情，和我有关或无关都可以，但总之我比较认同或者欣赏？

☐ 有没有一件事，我感觉爱人（☐孩子，☐其他亲人，☐同事，☐朋友，☐其他人＿＿＿）之前不太可能会做，但今天比较主动地做了？

☐ 今天有没有在某个领域，我感觉爱人（☐孩子，☐其他亲人，☐同事，

□朋友，□其他人_____）更好地控制住了自己，更加自律？

□ 如果都没有，有哪件关于爱人（□孩子，□其他亲人，□同事，□朋友，□其他人_____）的事情，是我期待发生，并且真的发生了的？

□ 如果也没有，有哪件关于爱人（□孩子，□其他亲人，□同事，□朋友，□其他人_____）的事情，是我不希望发生，并且真的没有发生的？

□ 如果还没有，我能不能回忆起关于爱人（□孩子，□其他亲人，□同事，□朋友，□其他人_____）过往的一些小美好？

挑出一件事，如实记录。
如果比较多，就挑三件事，如实记录。
挑选的过程，就是在通过改变注意力焦点，锻炼自己的"积极信念"。
注意力在哪里，世界就在哪里。

第三部分：懂孩子日记

为什么要写"懂孩子日记"

"内卷"催生了大量的失败，而且急剧压缩了孩子的"自由时间"，如果家庭里再没有一条"懂孩子"的"生命管道"，会导致孩子的生命缺乏"情绪出口"。

第一，情绪是大脑的开关，大量压抑、没有表达的情绪必然会影响学习。

第二，情绪是生命的旋律，从"第一声啼哭"，到"饿了就叫、开心就笑"，情绪不需后天学习，它印在每个生命的基因密码里。所以过了温饱线后，情绪安全是生命的第一需要。大量压抑、没有表达的情绪会影响孩子的身心健康，因此，现如今青少年抑郁症的比例逐年上升。

第三，孩子的情感和家庭、学校都无法连接，自然就会移情到手机、网络等地方，但现如今互联网信息纷繁复杂，内心有创伤的孩子很容易被"别有用心的信息"引导，误入歧途。

所以哪怕不是为了点燃学习动力，在家里建设一条"懂孩子"的生命管道也至关重要。

什么叫"懂孩子"？

生命教育认为，看见孩子完整、立体、真实的生命，就是"懂孩子"，一旦做到，孩子的积极天性也会自然绽放。

什么叫完整、立体的生命？

就是要看见孩子学习之外的事情。在"内卷"环境里，关于学习，家长很容易看到"消极"，所以我们强调，要看见孩子完整、立体的生命，就要特意关注孩子学习之外的"美好"。

什么叫真实的生命？

行为/语言往往包含三层信息，不要对表面信息"太当真"，要学会从表面的行为/语言挖掘背后的情绪信息，甚至看到孩子的动机。

怎么写"懂孩子日记"

第一步：记录孩子的一件好事。

刻意纠正注意力，看见孩子完整、立体的生命。

眼光开阔一点，不要只盯着学习，不一定限于今天。

第二步：回忆并记录与学习相关的对话。

写出原话，觉察、标记出孩子有情绪的句子。

第三步：懂孩子五问。

根据亲子对话回忆，试着回答懂孩子五问。

1. 在上述对话中，孩子的语言/行为背后有三层信息，我读到了哪一层？

2. 在上述对话中，孩子语言中的负面情绪会不会和孩子正在体验的某种失败有关？

3. 孩子当前是不是缺失什么学习技能？我了解吗？

4. 孩子当前面对的竞争如此激烈，学校布置的学习任务是不是适合他，我了解吗？

5. 孩子的某种负面语言/行为背后会不会存在他想变好但做不到的原因？

拖延与畏难	不专注与焦虑	移情和寄托
拖拉磨蹭、叽叽歪歪、订了计划不坚持、不愿背诵、拒绝额外做题、逃避难题、执行力差……	上课分心、考试总错不该错的题、情绪不稳定、晚上不睡觉、频繁被老师告状……	迷恋手机、小说、画画、追星、盲盒、卡牌、角色扮演、恋爱、篮球鞋……

通过回答懂孩子五问，更清晰地看见孩子的失败，看见孩子的矛盾，看见孩子的积极。

想一想，今天是不是比昨天更了解孩子一些了？

注意：

除了语言，有些行为可能也是孩子"体验失败"的信号，并非孩子的"态度不够积极"。

第四步：情绪翻译。

如果今天和孩子爆发了冲突，请想一想，明天如果再碰到类似的情况，我能做到止语吗？

如果想做得更好：用情绪翻译的方式，想想应该怎样重新说。

情绪翻译 = 描述事实 + 翻译"语言背后的情绪"。

这并非"套路"，是真诚的"倾听姿态"。

如果刚开始练习时不熟练，可以试着查一下"十情表"。

喜、怒、哀、惊、惧、厌、躁、焦、丧、妒									
喜悦	不满	沮丧	怀疑	害怕	厌恶	烦躁	紧张	丧气	羡慕
兴奋	愤怒	哀伤	惊讶	恐惧	怨恨	暴躁	焦虑	绝望	嫉妒

不要过度担心翻译得不准确，关键是真诚的"倾听姿态"。

如果孩子已经不太愿意和我们交流，可以试着从"一件好事"和"给孩子写信"开始。

最后，无论孩子有没有表现出较大的情绪问题，都建议家长坚持记录"懂孩子日记"。利用"懂孩子日记"，已经有沟通问题的可以改善亲子关系；没有问题的可以防患于未然，让亲子关系更加亲密。

如果记录"懂孩子日记"时感觉很好，但面对孩子依旧"知道该怎么做却做不到"，或者实在无法记录"懂孩子日记"，请先练习写"力量日记"。 育儿先爱己。

日期　　　　天气　　　　一 二 三 四 五 六 日　　　心情 😄 🙂 😐 🙁 😭

<h2 style="text-align:center">一件好事(焦点积极，信念就会积极)</h2>
看见孩子的小美好

孩子的一件好事：

<h2 style="text-align:center">与学习相关的对话回忆（会影响孩子学习的）</h2>
（建议回忆和孩子有冲突或者进行不下去的对话，想一想原话是怎么说的，逐句记录）
（标记出自己和孩子有情绪的对话）

懂孩子五问

1. 在上述对话中，孩子语言/行为背后有三层信息，我读到了哪一层？

   ☐ 语言/行为本身的信息　　☐ 语言/行为背后的情绪　　☐ 情绪背后的动机

2. 在上述对话中，孩子语言中的负面情绪会不会和孩子正在体验的某种失败有关？

3. 孩子当前是不是缺失什么学习技能？我了解吗？

4. 孩子当前面临的竞争如此激烈，学校布置的学习任务是不是适合他，我了解吗？

5. 孩子也许表现出了某种负面行为或负面语言，背后会不会是因为他想变好但做不到？

明天再碰到类似的情况，我能做到止语吗？

如果想做得更好：用情绪翻译的方式，重新说怎么说？

(至少挑一句，重新表达)

情绪翻译：描述事实+翻译"语言背后的情绪"

第四部分：吐槽大会与契约型家庭会议

吐槽大会

一、为什么要召开吐槽大会

第一，有些孩子心中拥有压抑时间比较长的情绪，不一定有机会在日常交流中表达，需要仪式帮助释放。

第二，孩子成长中会面对一些"社交压力"，父母不一定有条件提供帮助，甚至都不一定了解，吐槽大会可以帮孩子释放这些和同学关系、师生关系有关的压力。

第三，除了孩子，爸爸和妈妈也需要一个合情、合理的场合，用"不伤人的方式"表达自己的情绪，加强家庭成员彼此的心灵链接。

二、如何召开吐槽大会

吐槽大会的五个规则

1. 只吐槽，不解释。
2. 被吐槽的人不能发脾气。
3. 吐槽要限定时长，不能时长无限。
4. 吐槽的人，可以吐槽，但不能骂人或人身攻击。
5. 要选定一个主持人，主持人有权力随时终止大会。

开好吐槽大会的九个技巧

1. 提前了解"好的吐槽大会的画面"，建议先看综艺节目或者一个片段，再开会。
2. 点蜡烛，利用仪式让爱落地。
3. 建议主持人开会前正式宣读规则。
4. 吐槽可以一个人把时长用完，也可以一轮一轮来，但每轮要限定时长，比如最长 30 秒。比赛谁在有限的时间里，吐槽的内容最多，把吐槽大会变成"吐槽比赛"。
5. 用游戏强化规则，犯规的人减少 1 分钟吐槽时间，或者减少一轮吐槽机会。
6. 家长吐槽孩子时，如果预判孩子会不开心，可以尝试使用"我信息"吐槽，让着点孩子。

7. 孩子不愿意说话，家长可以先示范。

8. 鼓励模仿，把吐槽大会变成"模仿大赛"。

9. 以上 8 条都是建议，不是标准。

吐槽大会复盘表

以下为吐槽大会复盘表，每次开完吐槽大会，家长可以按照表格当中的内容进行填写。请注意，吐槽大会是一场关于"情绪和感受"的会议，所以尽量记录与"情绪和感受"有关的内容。

吐槽大会

主持人：

吐槽时间：＿＿＿＿＿＿＿＿＿＿　　参会人员：＿＿＿＿＿＿＿＿＿＿

会议主题：＿＿＿＿＿＿＿＿＿＿　　会议地点：＿＿＿＿＿＿＿＿＿＿

孩子吐槽内容	家长吐槽内容

参会人员的感想

最后，除了吐槽大会，还可以在家庭里召开模仿大会、表扬大会、帮帮会、夸夸大会、复盘大会、幸福大会……让生活多点仪式感。仪式能够使每个家庭成员的生命，都更加绚丽地绽放。

契约型家庭会议

一、为什么要召开契约型家庭会议

"正气存内，邪不可干。"

虽然我们要"懂孩子"，但不能没有原则和底线；虽然家庭应该是温暖的港湾，但家庭里一定要有"正气"；虽然我们要给孩子"爱与自由"，但不要测试"人性"。

契约型家庭会议的目的，是在家里设立规则与底线。比如，电子产品的使用规则。很多短视频、游戏连成年人都容易上瘾，更何况孩子？这就是我们说的"不要测试人性"。设立契约，不是为了监管与约束，而是为了在一个边界内，更没有负担地放松、探索与成长。

但和孩子约定契约，既不是"我赢你输"——你必须要听我的，也不是"你赢我输"——执拗不过孩子不得不退让，一定存在"第三选择"——找寻一个双方都能接受的"新目标"。

学习动力点燃师训练营以"电子产品使用协议"为例，教会我们的家长朋友，如何与孩子共同积极寻找"第三选择"，并充满正气地"执行契约"。

二、如何制定"电子产品使用协议"

最简单的电子产品使用协议——约定底线与惩罚

1. 底线不宜过多。
2. 底线绝不是成绩，"真底线"建议从以下三个方向选择：
   · 和身体健康相关
   · 和"无法承担的责任"相关
   · 和"道德品质"相关
3. 底线不挑战人性，尤其面对未成年人。
4. 底线从家长出发，但要和孩子商量。
5. 违反底线，要设立惩罚机制。

进阶的电子产品使用协议——不同使用时段/区域，底线不同

高阶的电子产品使用协议——设计弹性，奖励自律

电子产品使用协议

以下协议内容为双方本着平等自愿原则共同订立，双方均应严格遵守。

约定底线

底线	
惩罚	

更精细化的区分

使用区域	
使用时段	

设计弹性，奖励自律

弹性	
奖励	

协议有效期限：_____　　　　签订日期：_____

签　　　字：_____

协议落地时可以循序渐进，最主要的是理解所有的亲子冲突背后必有"第三选择"，拥有"找寻空间"的智慧，学会引领孩子，找寻"双赢的目标"。

自测：您是溺爱孩子的父母吗？

我们描述了12种常见的养育/教育行为，请您按照自己是否做过，在后边打钩。如果您没有做过类似行为，请您根据是否认同这种行为，在后边打钩。

1	孩子吃得太少了，让他自己吃还是不行，趁这会儿玩积木比较专注，我赶紧再给他喂几口	是□	否□
2	上了一天班回到家累得够呛，孩子让我陪他玩，我跟他商量："妈妈太累了，先休息一会儿好吗？"孩子说："不要，妈妈陪我玩嘛！"于是我强忍着疲惫陪他玩儿	是□	否□
3	孩子说："体育课太累了，实在受不了！"我怕孩子累坏，向老师请假不上体育课	是□	否□
4	孩子要跳到钢琴上用脚踩琴键，我觉得这是孩子自由的天性，要保护。即使琴坏了又怎样呢？孩子的自由发展最重要	是□	否□
5	孩子摔倒了，看他想爬起来那么难，哭得可怜，我实在不忍心，直接把他抱起来了。后面他每次摔倒我都很紧张，都要赶紧把他抱起来	是□	否□
6	孩子看上一辆六百多元的玩具遥控车，家里已经有好几辆了，我说不买了，他死活不愿意，当场撒泼打滚，我只好给他买了	是□	否□
7	孩子每次尝试自己洗鞋、洗袜子，一看到他没洗干净，我就抢过来帮他洗	是□	否□
8	今天中午做了一道红烧肉，想着孩子一定爱吃，放学回来孩子一看说："腻得要死，我可吃不下，我要吃西红柿炒蛋，别的都不想吃。"时间来不及了，我赶紧骑车去买西红柿，回来炒给孩子吃，然后送他上学，我没吃饭就上班去了	是□	否□
9	孩子放学回来很生气："妈妈，你怎么没把我的数学练习册放书包里去呀？害得我今天被老师批评。"我害怕孩子发脾气，赶紧道歉："对不起啊，明天妈妈收拾书包一定不会再落下书了。"	是□	否□
10	孩子过生日，我给他买他最爱吃的蛋糕、最喜欢的礼物；我过生日，孩子什么也没给我送。问他为什么不给我送礼物，他回答说："我不知道你需要什么，再说了，你需要什么、喜欢什么跟我有什么关系！"	是□	否□
11	孩子拿了其他小朋友的玩具，我并没有制止他。"小孩子嘛，玩完了，再还回去，没关系！"	是□	否□
12	学校组织露营，在野外能保证食物都卫生？还有那么多蚊子，咬了孩子怎么办？同一个帐篷的同学万一打鼾影响我孩子休息怎么办？我越想越不放心，孩子非要去，于是我偷偷跟着他们，在附近暗中观察，万一有什么问题，我能第一时间赶到	是□	否□

在以上12个问题中，如果您有9个或以上的回答为"是"，您很有可能是溺爱孩子的家长，而且您并没有觉察到自己的"溺爱"。

觉察就是进步。建议您使用"契约型家庭会议"，学会在家庭里设立一些底线与规则。

第五部分：帮他行日记

> 跳出"内卷"，但并非完全"躺平"

如何看待孩子的学习问题？什么才是"真问题"

孩子在学习上体验失败，根源是四个分裂。

一、技能和知识的分裂

如果把孩子的学习比作吃饭，知识就是每天吃进去的粮食，小、初、高共12年，语、数、英、政、史、地、物、化、生九大学科的具体知识，就像米饭、面条、各种菜和肉。那什么是技能？技能就像孩子的胃，孩子的消化能力。

大量的孩子为什么没有学好？根源是消化不良，还是吃得不够多？其实是因为当今的教育环境忽略技能，过度关注知识。

纵观12年、九大学科的学习，我们认为学习主要依赖四项核心技能：情绪力、专注力、理解力和自主力。

其中，情绪力、专注力和理解力，决定了一个孩子被动吸收信息的效率。

自主力是孩子的一种意识——学习究竟是为了服从老师的安排，还是为了解决自己心中的疑惑？

以这四项核心技能作为基础，就会开出创造力的花朵。

"内卷"的环境更加注重"知识的进度"，甚至会"填鸭教学"，妨碍孩子技能的发展。

比如，为了赶进度，很多孩子并没有锻炼理解力的机会，他们一直到高中，甚至到成年都是靠记忆驱动学习的，死记硬背了一些知识，并没有真正理解。

以语文为例，语文理解力的核心是感受力，所以语文教育的核心是审美教育，但感受美是需要时间的。为了赶教学进度，无论是校内教学还是补习班，难免会直接总结"套路、模板、中心思想"，别说培养感受力，有的孩子自己发展和摸索感受力的机会也被破坏了。而没有感受力的孩子，没有文本分析能力，就算热爱阅读，也只是关注情节发展，不会关注细节，和成年人追剧没什么区别。最终的结果是语文课吸收效率不高。而如果报各种阅读班、写作班，继续学习套路、模板，无异于饮鸩止渴。

英语理解力的核心是声音理解力，因为英语是拼音文字，所以我们提出：语感的核心是听感，尤其是对句子的听感，不仅是对一个一个孤零零的单词的听感。但如果一个孩子为了赶进度，从小学英语的方式全是不停背单词，最后的结果一方面是"单词不习惯回归句子"，阅读时成就反馈不大；另一方面甚至背单词总是背了就忘，容易厌恶英语学习。

数学学科需要的理解力更加复杂，是三个层次循序渐进的——有序，抽象概念，发现规律。"内卷"的环境催促孩子尽快掌握"解题技巧"，所以很多孩子从小学的"浅奥"开始，就在记忆各种"模型大招"，到初高中又在记忆各种"二级结论"，记了很多，但最终自己没有发现规律的能力。我们开玩笑说，这催生了不少"学酥"，并不是"真学霸"，就像糕点店的"蛋黄酥"，外表看着光鲜亮丽，其实一捏就碎了，缺乏真实的"问题解决能力"。

二、个体和集体的分裂

如果一个孩子缺乏学习的四项核心技能，就容易在学习知识的过程中体验失败。这时，第二个分裂放大了这种失败。

一个班往往有四五十个孩子，但考试标准只有一个，每天布置的作业也是一样的。孩子们的学习技能参差不齐，面对同一标准下的知识任务，就容易体验失败。在"内卷"的环境下，因材施教的成本极其高昂，大家普遍不会给孩子"开小灶"的时间，而是更容易催着这些失败的孩子"赶进度"。

三、"衔接阶段"的分裂

纵观小、初、高的12年，不同衔接阶段的知识难度都会上一个台阶，知识本身也可能出现断档，再加上上文说的，孩子普遍缺乏自主学习技能，于是催生了所谓的三四年级现象、初二的塌腰现象、高一的陡坡现象：在这些年级，孩子的成绩突然下滑。

由于没有认清"内卷"环境下的三个分裂，不少家长和孩子踏上了补习的不归路。孩子本就"消化不良""虚不受补"，继续"大鱼大肉"，钱花了，却进一步增强了"失败体验"，更加摧残孩子的学习动力。

四、升学任务和生命感受的分裂

在这个环境中，当某个孩子达不到某个标准，学不会某个知识的时候，就容易产生第四个分裂。比如在某个具体的衔接阶段，或者在一个班级里，大环境都默认他有问题、他错了，没人关注他的感受，甚至他自己也会觉得，自己可能是一个"问题孩子"。于是越来越多的生命成了学习机器，哪怕成了"学霸"，升学拿到了结果，代价也是生命的伤痕累累——考上大学后再也不学习。

更何况，还有大量的孩子根本就没"卷"出来，只留下了一身伤痕。如今，抑郁症的比例越来越高。近一半大学生不想谈恋爱，谈了恋爱的不想结婚，结婚了的不想生孩子。这些现象背后有共同的问题没有解决。

那么，我们该如何解决这样的问题？

一方面，我们反复呼吁制度的进步：警惕"内卷"、适应人工智能——教育应该超越知识，关注技能，关注集体和个体的平衡，关注衔接阶段的过渡。另一方面，大环境没有改变时，我们作为家长，要学会在家庭里"缝补裂缝"。

具体怎么做？

定位真问题——在上述视角下，孩子学习上的真问题是以下三个

1. 情绪问题。

2. 内在学习技能和外部知识任务不匹配的问题。

3. 前两个问题所导致的前置知识漏洞。

如何解决这些问题？

要注意因材施教

首先，应该在家庭里重新定义成功标准，暂时跳出"内卷"和应试的绝对化标准，这样才可能帮孩子重新体验"成功"。

其次，要注重锻炼孩子内在的学习技能，只有这样，才能用最少的时间投入，撬动孩子学校、家庭作业、补习班全场景的学习效率，放大孩子的成就体验。

最后，如果高年级的孩子缺乏前置知识，还应该有意识和能力，帮助孩子定位前置知识漏洞，高效填补漏洞。

有没有一个方法，可以立即开始？

最近发展区检查法

全年龄段、全分数段、全学科适用。

1. 聚焦一个学科。

2. 选一道题（会，但有点绕的题目；不会，但看答案能看懂的题目）。

3. 为"孩子找到自己的最近发展区"点赞。

4. 对答案，确保答案正确。

5. 回忆，直到越来越顺畅。

30 分有 30 分的最近发展区，50 分有 50 分的最近发展区，80 分有 80 分的最近发展区，100 分也有 100 分的最近发展区，进步不靠刷题靠选题，这个方法满足了因材施教的要求。

最近发展区检查法锻炼了孩子九大学科都需要的学习技能——有序理解力。

最近发展区检查法也能帮助孩子夯实前置知识和当前题目的联系。

这个方法利用了孩子的校内作业，对孩子来说难度较低；而且这个方法很简单，对父母的学历、认知要求不高。

在训练营中，为了推动学习动力点燃师带孩子落地这个黄金方法，我们设计了"帮他行日记"。

如何写好"帮他行日记"，帮孩子初步找到学习中的"成就"

在"帮他行日记"中，除了最近发展区检查法，最重要的是掌握一种沟通方式——"目标对话四要素"，这是"懂孩子日记"与"力量日记"的升级。

什么是目标对话四要素？

· 对话中时刻看见完整、立体、真实的生命。
· 立场明确——我只是提建议、决策权在你。
· 引导聚焦——放大希望。
· 确认行动或计划。

除了这四个要素，更重要的是注意，所有与孩子有关的学习对话，都是为了帮孩子本来就有的"积极""清晰化"，而不是为了把我们的目标"套路给孩子"，因为孩子才是学习的主体。

很多时候，孩子并非没有目标，准确地说，他的心中可能有一个模糊的美好，或者两难的目标。

模糊的美好，指的是"他自己对当下也不满意"，而且很迷茫，这时候有人过来刺激他，还不够理解他，他会很烦躁，因为他会感觉"你帮不上忙，还在我的伤口上撒盐"。两难的目标，就是有些孩子既想玩好，又想学好，他很纠结，很矛盾，没有一个更高的视角能统一这对看似矛盾的目标。

再次强调，孩子并非没有目标，只是他的目标不清晰。但在参加学习动力点燃师训练营之前，很多家长会冤枉孩子，认为孩子没有目标。家长心中往往有明确的目标——考试分数或者升学目标，但站在孩子的立场上，这可能是一个一步登天的目标，或者是一个狭隘的目标，忽略了孩子生命的完整性。总之，如果家长和孩子连目标都不一致，那么别说提建议了，孩子根本就拒绝和我们谈论学习。

哪怕事后去补救我们的关系，也会总是迈不出下一步，无法引领孩子找到成就。

所以，写"帮他行日记"的前两步，就是带着家长朋友练习"目标对话四要素"。

第一步：回忆孩子的学习行为/语言。

第二步：帮他行沟通。

教育都在细节里，尤其是语言里。
结合训练营的前期练习，回忆今天和孩子有关学习的对话。
反思我们的沟通是否能点燃孩子的学习动力，以及如何改进。

在实践中，有时只进行一次这样的沟通是不够的，需要有连续 3~5 次这样立场明确的目标对话。请锻炼自己的积极信念，做到耐心和坚持。

在目标对话四要素的基础上，就可以落实最近发展区检查法了，这就是写"帮他行日记"的第三步。

第三步：帮他行三赞。

推动孩子落地"最近发展区检查法"。

这一步，也可以在学习中同步增强我们和孩子的积极信念——无论当下成绩如何，我们都能找到三件好事。

写"帮他行日记"的第四步，是为了在训练营后期的学习中，帮助大家串联、梳理和复习后半部分的学习内容，降低理解难度。

第四步：帮他行系统诊断。

每次写日记时，选择一个学科。

根据孩子在这个学科的分数段，再结合孩子在这个学科上学习行为 / 体验的信息，我判断孩子在这个学科上缺失哪些技能？

如果想系统地放大他在这个学科的成就，我能选择哪些方法？

日期　　　　天气　　　　一 二 三 四 五 六 日　　　心情 ☺ ☺ ☺ ☺ ☺

如果重来一次，我会怎么说？

帮他行三赞（在一件好事之外，再多三件好事）
最近发展区检查法

👍 1. 孩子今天有没有选出一道"最近发展区"的题目？

👍 2. 孩子今天有没有执行"最近发展区检查法"？

👍 3. 我或者孩子有没有在学习中发现其他的问题？

情绪力　　　　　□ 情绪力

专注力　　　　　□ 专注力

　　　　　　　　□ 有序　　　　　　　□ 语文感受力

理解力　　　　　□ 抽象概念　　　　　□ 英语声音理解力

　　　　　　　　□ 发现规律　　　　　□ 英语基础阅读能力

自主力　　　　　□ 自主力

为了锻炼这项学习技能，可以推荐孩子使用学习技能加油站的哪个方法？
（在对应的方法前打"✔"）

情绪力　　　　　□ 冥想

　　　　　　　　□ 冥想
　　　　　　　　□ 计划+番茄学习法
专注力　　　　　□ 目标游戏
　　　　　　　　□ 视知觉训练
　　　　　　　　□ 听知觉训练

　　　　　　　　有序　　　　　　　　　语文感受力
　　　　　　　　□ 754阶梯训练　　　　□ 删词游戏
　　　　　　　　□ 思维导图四步曲　　 □ 换词游戏
　　　　　　　　□ 番茄学习法　　　　 □ 添词游戏
　　　　　　　　□ 有序表达训练　　　 □ 五感输出练习
理解力　　　　　抽象概念　　　　　　 英语声音理解力
　　　　　　　　□ 提取练习清单　　　 □ 刷书法
　　　　　　　　　　　　　　　　　　 □ 影子跟读
　　　　　　　　发现规律　　　　　　 英语基础阅读能力
　　　　　　　　□ 归纳总结清单　　　 □ 影子跟读
　　　　　　　　　　　　　　　　　　 □ 汉译英练习

　　　　　　　　□ 错题概念诊断三步曲　□ 自主学习黄金流程
　　　　　　　　□ 前置概念精准重学三步曲
自主力　　　　　□ 最近发展区检查法
　　　　　　　　□ 错题日复习法
　　　　　　　　□ 936法则

第六部分：如何制订因材施教的学习动力点燃方案

在生命教育的视角下，孩子学习上的真问题有以下三个：

1. 长期失败与缺乏情绪出口导致的情绪问题。
2. 内在的学习技能与外部知识任务不匹配的问题。
3. 前两个问题所导致的前置知识漏洞。

帮助一个孩子在"内卷"环境下，系统解决问题、放大成就，需要两个核心步骤：

1. 因材施教定战略。
2. 小步松弛促执行。

因材施教定战略的三个核心
——聚焦、技能＋前置知识、合理的时间

聚焦

只有"自身能体验到成就"才能激发孩子的自主学习动力，而孩子的学习一定是多学科的复杂问题，学校里也都在抢时间，所以家庭里越聚焦，越容易体验成就。

具体聚焦哪个学科？

有两个建议：

1. 告知孩子聚焦的策略，征询孩子的意见。
2. 从相对优势学科开始。

因材施教地锻炼技能＋补充前置知识

孩子的失败最初是因为学习技能与外部知识任务不匹配，随着时间的积累，这又导致了前置知识漏洞，因此帮孩子系统放大成就，要同时解决这两个问题。

但作为家长，我们没有必要精细化地定位孩子的知识漏洞，我们的目标是激发孩子的自主学习动力。

因此，我们为大家提供了工具，直接使用"诊断清单"和"建议清单"，帮助孩子制订因材施教的学习策略。

诊断清单

数理学科诊断清单

年级	分数段	真问题	提升方案
	小学 95% 以上 初中 85% 以上 高中 75% 以上	可能缺乏某项具体的理解力； 在某些具体的知识领域，存在前置知识漏洞	1.重点关注理解力之发现规律 ·作业后，最近发展区检查法可以用"归纳总结清单"升级 ·错题日复习法 ·压轴题可以用 936 法则 2.同步增强理解力之抽象概念 如果今天上了新课，做作业前循序渐进地使用"提取练习清单" 3.尝试自主学习黄金流程 4.如果出现了有序理解力缺失的学习现象，在所有学习技能中，优先锻炼有序理解力 ·754 阶梯训练 ·思维导图四步曲 根据学习现象，判断是重点练习流程能力还是分类能力
四年级 及以上	小学 75%~95% 初中 65%~85% 高中 50%~75%	系统缺乏理解力； 20%~30% 的前置知识存在漏洞	1.作业中应用最近发展区检查法 2.在所有学习技能中，优先锻炼有序理解力 ·754 阶梯训练 ·思维导图四步曲 如果时间有限，可以根据孩子的学习表现，判断以流程能力为主，还是以分类能力为主； 建议以流程能力——754 阶梯训练为主，思维导图四步曲降低频率，比如每 1~2 周一次； 此外，如果作业时间较长，建议使用番茄学习法 3.逐步掌握"提取练习清单" 如果上了新课，做作业前循序渐进地使用"提取练习清单" 4.主要利用错题，补充前置知识 先不要着急启动错题日复习法； 优先使用错题概念诊断三步曲，利用错题补充前置知识，每天至少 1 道； 也可在晚上、周末利用教辅或互联网、人工智能搜索资源重新系统学习某个单元的前置知识。重学时，重视"提取练习清单" 5.逐步掌握"归纳总结清单" 习题课，做作业前选题＋回忆； 完成作业后，最近发展区检查法可以用"归纳总结清单"升级； 尝试使用错题日复习法，使用时注意聚焦，也可以降级使用走题训练

年级	分数段	真问题	提升方案
四年级及以上	小学 75% 以下 初中 65% 以下 高中 50% 以下	情绪力和专注力可能存在问题； 系统缺乏理解力； 超过 50% 的前置知识可能存在漏洞	**1. 优先解决情绪和专注问题** 情绪力主要靠家长，高度重视情绪翻译、一件好事和吐槽大会，尽力帮助孩子不再压抑当下的情绪，可能还需要处理孩子之前压抑在心中的情绪，此外可以引导孩子尝试冥想； 专注力优先推荐冥想，以及计划 + 番茄学习法； 如确诊 ADHD，建议采用 112316 原则 **2. 作业中应用最近发展区检查法** **3. 在所有学习技能中，优先锻炼有序理解力，并随时准备降级** ·754 阶梯训练 ·思维导图四步曲 我们建议以流程能力——754 阶梯训练为主，思维导图四步曲降低频率，比如每 1~2 周一次 **4. 系统补充前置知识** 利用晚上、周末的时间，利用补习班、教辅、互联网或人工智能资源，重新系统学习前置知识。重学时，格外重视"提取练习清单"的第 3 行和第 4 行，并随时准备降级； 在校内，每天至少挑 1 道"自己做错，听老师讲 / 看答案能明白的题目"，采用错题概念诊断三步曲，利用错题补充前置知识 **5. 尝试"归纳总结清单"** 习题课，做作业前选题 + 回忆，使用清单时注意降级； 可以针对薄弱领域的题目，尝试走题训练

语文学科诊断清单

年级	分数段	真问题	提升方案
四年级及以上	小学 90% 以上 初中 85% 以上 高中 75% 以上（语文不同于其他学科，主观题较多，所以标准稍低）	感受力达到标准，但感受力的锻炼没有止境，尤其词汇积累，表达的画面感仍旧可以加强；四大板块，哪里有漏洞，就聚焦哪个板块，逐一解决；有意识超越考试，关注文学鉴赏能力和批判性思维的培养	**1. 基础知识板块** a. 解决错别字和字形辨析问题，执行拆字组词游戏、936 法则（题目数量扩展到 1 天 10 道，连续 2 周） b. 解决拼音问题，两轮拼音标注法 c. 其他基础题型，如病句、仿写等，如有问题用 936 法则突破（题目数量扩展到 1 天 10 道，连续 2 周） **2. 古诗文板块** a. 默写类：图像关联法、填空法 b. 翻译 / 断句类：口头逐字翻译法 c. 赏析理解类：换词游戏、936 法则 d. 文化 / 文学常识类：思维导图四步曲 e. 积累历史人物素材，阅读"自学星球"子贤老师推荐书单 **3. 阅读理解板块** · 现代文阅读理解 a. 继续增强感受力，推荐在学期中使用自主学习黄金流程，课前注意圈出形容词、动词，课后注重提取例句 b. 假期可以执行两刷真题法 c. 持续增加课外阅读量，可以参考"自学星球"子贤老师推荐书单，但更要尊重孩子兴趣，在孩子感兴趣的领域尽量走向深度阅读 高中生培养批判性思维，请参照子贤老师"高考作文分析"视频 · 实用类文本阅读理解（初高中） 使用 936 法则专项突破，额外注意做题前在 B 站上搜索专门的题型视频、学习方法 **4. 写作板块** a. 小初学生注重增强写作画面感：进行删词游戏、换词游戏、添词游戏、五感输出练习，善用人工智能辅助，可以参照子贤老师"中考作文分析"视频 b. 高中提升议论文写作能力：请参照子贤老师"高考作文分析"视频

年级	分数段	真问题	提升方案
四年级及以上	小学 80%～90% 初中 65%～85% 高中 55%～75%	感受力有所欠缺，优先锻炼感受力； 系统缺乏理解力，尤其关注有序理解力中的分类能力、抽象概念理解力、发现规律理解力； 约 20%~30% 的语文概念，尤其是写作概念可能存在漏洞	1. 优先锻炼理解力之语文感受力 循序渐进地进行删词游戏、换词游戏、添词游戏、五感输出练习； 也可以使用自主学习黄金流程，课前注意圈出形容词、动词，课后注重提取例句 2. 同步增强理解力之抽象概念 + 分类能力 如果今天上了新课，做作业前使用"提取练习清单"，重点提取例句，通过例句理解相关概念； 每周使用思维导图四步曲，梳理本周学习的课文以及其中涉及的重要概念，也可以尝试在写作中用一用，或者试着仿写一下重点文段； 假期可以尝试使用两刷真题法 3. 也可以利用错题，补充前置知识 试卷中经常出错的题型，或者标准答案中不太理解的语文概念，直接搜索 B 站，重学时，注重"提取练习清单" 4. 增强阅读 请参考"自学星球"子贤老师推荐书单，从孩子感兴趣的领域开始
	小学 80% 以下 初中 65% 以下 高中 55% 以下	情绪力和专注力可能存在问题； 感受力十分薄弱，阅读和写作的时候形成不了画面感，看书只是看情节，写作很容易变成流水账； 除了感受力，还尤其缺乏有序理解力中的分类能力、抽象概念理解力； 超过 50% 的前置知识可能存在漏洞（各个板块可能都有漏洞，甚至有几个板块完全崩塌）	1. 优先解决情绪和专注问题，并排除阅读和书写障碍 情绪力主要靠家长，高度重视情绪翻译、一件好事和吐槽大会，尽力帮助孩子不再压抑当下的情绪，可能还需要处理孩子之前压抑心中的情绪，此外可以引导孩子尝试冥想； 专注力优先推荐冥想，以及计划 + 番茄学习法； 如确诊 ADHD，建议采用 112316 原则； 此外，如果孩子语文成绩长期不及格，建议去医院诊断一下阅读障碍或书写障碍； ·如确诊阅读障碍，建议采用 12325 原则 ·如确诊书写障碍，建议采用 212314 原则 2. 排除专注、阅读、书写障碍，降级锻炼理解力之语文感受力 a. 小学带领孩子用语文课本玩影子游戏 b. 初高中循序渐进地进行删词游戏、换词游戏、添词游戏；五感输出练习可以用照片编故事大赛来降级；也可以使用自主学习黄金流程，课前注意圈出形容词、动词；课后注重提取例句

年级	分数段	真问题	提升方案
四年级及以上	小学 80% 以下 初中 65% 以下 高中 55% 以下	情绪力和专注力可能存在问题； 感受力十分薄弱，阅读和写作的时候形成不了画面感，看书只是看情节，写作很容易变成流水账； 除了感受力，还尤其缺乏有序理解力中的分类能力、抽象概念理解力； 超过 50% 的前置知识可能存在漏洞（各个板块可能都有漏洞，甚至有几个板块完全崩塌）	3. 增强背诵 a. 小学每周制订背诵古诗的目标；也可以背诵范文，难度大则降级成段落或者好句子，难度依旧大，降级成删词游戏 b. 初高中每周制订背诵古诗、古文的目标；也可以逐字翻译；还可以背诵作文素材，难度大就降级成用自己的话转述作文素材 4. 增强阅读 请参考"自学星球"子贤老师推荐书单，从孩子感兴趣的领域开始 a. 文字阅读难度大可以尝试用听替代阅读，听的内容围绕孩子兴趣即可，每周一次，邀请孩子把听的内容讲一讲，大概 15 分钟，父母提问 b. 除了文学作品，周末约定好时长，引导孩子看一看 B 站上对应年龄段的语文视频课 c. 关注戴建业、康震、意公子、都靓等知名知识博主，试着从古诗词入手培养兴趣

英语学科诊断清单

年级	分数段	真问题	提升方案
四年级及以上	小学 95% 以上 初中 85% 以上 高中 75% 以上	词汇量达到标准水平，但可能对具体语境中的单词理解还不太到位，或缺乏超纲词汇；在听说读写的某些具体板块可能存在漏洞；在某些具体的语法领域，存在前置知识漏洞	**1. 分板块锻炼理解力之发现规律** **听力板块有问题** 执行影子跟读（2 周 8~10 次，每次 20~35 分钟。小学生可以使用符合自己英语水平的任意校内外素材，初高中生建议使用中考／高考真题，而且建议使用听力部分的短文题） **阅读理解板块有问题** a. 长难句分析练习 b. 用刷书法记忆超纲词汇 **七选五有问题** 针对逻辑词汇（however，therefore，yet 等）进行专项训练 **完形填空有问题** a. 如果是固定搭配（尤其是动介搭配）和语法知识存在问题： · 执行错题日复习法 · 遇到不会的单词时，可以尝试使用英英词典，根据英文释义理解单词意思 b. 如果是语法问题，练习策略参考语法板块 c. 如果是其他问题，练习策略同听力板块，建议执行影子跟读，锻炼语感 **语法相关板块（包括短文填空、语法和词汇、词语变形、写作当中出现语法错误）有问题** a. 搜索相关语法点，至少执行 B 站搜索三连看，有意愿可以执行 936 法则 b. 日常学习注重提取，重点提取例句＋语法概念 c. 日常学习中执行错题日复习法（作文需要重写出错的句子，写对为止） **写作表达（包括阅读表达、短文填空和写作）有问题** a. 如果是写错了句子，练习策略参考语法板块 b. 如果是句子不够高级： · 执行 B 站搜索三连看 · 日常学习中执行亮点仿写法 **2. 同步扩展超纲词汇** 假期利用刷书法，向上升级扩展词汇，注意回归句子 **3. 推荐使用自主学习黄金流程** 听力和汉译英练习除了课本，可以选择校外的材料，注意需要有英汉对照 **4. 有条件的学生，继续坚持大量泛读** 推荐订阅英文杂志

年级	分数段	真问题	提升方案
	小学 75%~95% 初中 65%~85% 高中 50%~75%	词汇量低于标准水平，或者勉强能够达到标准水平，但不太熟悉；系统缺乏理解力，尤其是英语声音理解力、基础阅读能力、有序理解力中的分类能力、抽象概念理解力；约 20%~30% 的前置知识存在漏洞（主要是语法知识）	**1. 重点关注理解力之英语声音理解力和基础阅读能力** ·建议先解决词汇问题，学期中利用碎片时间，或假期中执行刷书法 ·假期执行影子跟读 1 个月（主要利用课本，复习） ·推荐使用自主学习黄金流程（利用课本） **2. 同步增强理解力之抽象概念 + 分类能力** ·如果今天上了新课，做作业前使用"提取练习清单"，重点提取例句 + 语法概念 ·每周使用思维导图四步曲，梳理当周语法概念，每个语法知识点，要会举例句 **3. 利用语法板块中的错题，补充前置知识（仅适用于初高中补语法）** 先不要着急启动错题日复习法； 优先使用错题概念诊断三步曲，利用错题补充前置语法概念，每天至少 1 道； 也可在晚上、周末利用教辅或互联网、人工智能搜索资源系统重学某个单元的语法知识。重学时，重视"提取练习清单"
四年级及以上	小学 75% 以下 初中 65% 以下 高中 50% 以下	情绪力和专注力可能存在问题；词汇量远低于标准水平，并且大概率较抗拒背单词（因为缺乏声音理解力）；系统缺乏理解力，尤其是英语声音理解力、基础阅读能力、有序能力中的分类能力、抽象概念理解力；超过 50% 的前置知识可能存在漏洞（包括语法和音标知识）	**1. 优先解决情绪和专注问题** 情绪力主要靠家长，高度重视情绪翻译、一件好事和吐槽大会，尽力帮助孩子不再压抑当下的情绪，可能还需要处理孩子之前压抑在心中的情绪，此外可以引导孩子尝试冥想； 专注力优先推荐冥想，以及计划 + 番茄学习法； 如确诊 ADHD，建议采用 112316 原则 **2. 同时关注理解力之英语声音理解力** ·使用词典笔辅助，尝试刷书法 ·用上学期或更早的英语课文降级，执行影子跟读 ·也可以引导孩子尝试一下英语配音游戏 **3. 系统补充前置知识（小学主要是音标和自然拼读，初高中主要是语法）** 利用晚上、周末的时间，利用补习班、教辅、互联网或人工智能资源，重新系统学习前置知识。重学时，格外重视"提取练习清单"的例句 + 语法概念，刚开始做不到提取语法概念，优先关注例句； 同时在校内，每天至少挑 1 道"自己做错，听老师讲 / 看答案能明白的语法题目"，使用错题概念诊断三步曲，利用错题补充前置知识——仅适用于初高中补语法； 如果基础特别薄弱，又想要快速获得成就感，可以先重点学习"单词词性""句子成分"和"基本句型"这三个知识点（可以参考我们提供的视频），并尝试将这些知识点应用在校内课文学习当中

文科诊断清单

年级	分数段	真问题	提升方案
四年级及以上	小学 95% 以上 初中 85% 以上 高中 70% 以上	可能缺乏某项具体的理解力； 在某些具体的知识领域，存在前置知识漏洞	1. 重点关注理解力之发现规律 ·完成作业后，最近发展区检查法可以用"归纳总结清单"升级 ·错题日复习法 ·地理大题可以用 936 法则，注意锻炼读图技能 ·道法和历史的材料分析题使用 936 法则时，不一定做题，而是找出与标准答案相似的题目，比较材料有什么不同，材料中什么关键词导致了踩分点的不同 2. 同步增强理解力之抽象概念 如果今天上了新课，做作业前循序渐进地使用"提取练习清单" 3. 尝试自主学习黄金流程 4. 如果出现了有序理解力缺失的学习现象，比如背诵碰到挑战，在所有学习技能中，优先锻炼有序理解力，尤其是分类能力 ·思维导图四步曲 不能忽视流程能力，尤其是以时间顺序为核心的流程能力 5. 有条件的学生，坚持课外泛读和精读，开阔视野 可以广泛阅读新闻、科普、历史、纪录等内容； 尝试找到自己最感兴趣的一个领域，精读相关内容
	小学 75%~95% 初中 65%~85% 高中 50%~70%	系统缺乏理解力； 约 20%~30% 的前置知识存在漏洞	1. 作业中挑选大题或材料分析题，应用最近发展区检查法 2. 在所有学习技能中，优先锻炼有序理解力 ·思维导图四步曲 ·754 阶梯训练 如果时间有限，建议以分类能力——思维导图四步曲为主；不能忽视流程能力，尤其是历史学科，以时间顺序为核心的流程能力非常重要，除了 754 阶梯训练，建议绘制"中外历史重大事件对照表" 3. 逐步掌握"提取练习清单" 如果上了新课，做作业前循序渐进地使用"提取练习清单"

年级	分数段	真问题	提升方案
四年级及以上	小学 75%~95% 初中 65%~85% 高中 50%~70%	系统缺乏理解力；约 20%~30% 的前置知识存在漏洞	**4. 主要利用错题，补充前置知识** 针对得不到满分的大题或材料分析题，使用错题概念诊断三步曲，利用错题补充前置知识，建议每周至少 2 道；也可在晚上、周末利用教辅或互联网、人工智能搜索资源系统重学某个单元的前置知识。重学时，重视"提取练习清单" **5. 逐步掌握"归纳总结清单"** 习题课，做作业前选题＋回忆； 做作业时，可以用"归纳总结清单"升级最近发展区检查法 **6. 可以尝试找个自己感兴趣的领域，坚持泛读优质内容** 如果觉得阅读坚持不下来，也可以去看一些优质的视频；在阅读或看视频的时候，不用有太多的学习压力，放松点；可以试着用自己现在学到的知识去评价一下看到的内容
	小学 75% 以下 初中 65% 以下 高中 50% 以下	情绪力和专注力可能存在问题；系统缺乏理解力；超过 50% 的前置知识可能存在漏洞	**1. 优先解决情绪和专注问题** 情绪力主要靠家长，高度重视情绪翻译、一件好事和吐槽大会，尽力帮助孩子不再压抑当下的情绪，可能还需要处理孩子之前压抑在心中的情绪，此外可以引导孩子尝试冥想； 专注力优先推荐冥想，以及计划＋番茄学习法； 如确诊 ADHD，建议采用 112316 原则 **2. 使用思维导图四步曲，重视背诵，并同步锻炼分类能力** **3. 也不能忽视流程能力** 尤其是历史学科，以时间顺序为核心的流程能力非常重要，除了 754 阶梯训练，建议绘制"中外历史重大事件对照表" **4. 系统补充前置知识** 利用晚上、周末的时间，利用补习班、教辅、互联网或人工智能资源，重新系统学习前置知识。重学时，格外重视"提取练习清单"的第 3 行，并随时准备降级； 除此之外，可以利用课外阅读补充前置知识，比如《半小时漫画中国史》等，可参考"自学星球"子贤老师推荐书单 **5. 尝试"归纳总结清单"** 习题课，做作业前选题＋回忆，使用清单时注意降级 **6. 可以尝试找个自己感兴趣的领域，坚持泛读优质内容** 如果觉得阅读坚持不下来，也可以去看一些优质的视频；在阅读或看视频的时候，不用有太多的学习压力，放松点

小学 1~3 年级学习习惯培养建议清单

小学低年级的孩子不用焦虑地诊断问题，坚持做正确的事，美好自然发生。

年级	分数段	学习与学习习惯建议
小学低年级 （1~3 年级）	不需要过度关注成绩，也不需要过度注重"诊断"，重要的是坚持做"正确的事情"	1. 避免使用伤害孩子的十把武器，坚持写"懂孩子日记" 2. 多举办家庭活动，设计家庭仪式 如召开吐槽大会、夸夸大会、契约型家庭会议、一起看电影等 3. 保证体育锻炼 探索孩子的兴趣，逐步发展 1 项特长 4. 每天尝试用番茄学习法制订一些生活或学习计划 5. 每周冥想 2~3 次 6. 优先在数学作业中尝试最近发展区检查法 7. 按照合适的频率，安排三大主科基本功练习 数学与有序理解力 a. 校内同步计算练习，建议比赛，比如可以使用本年级周计划 b. 采用 33 口算法、尝试 653 计算 c. 有序的表达训练 语文感受力 a. 推荐影子游戏 b. 尝试删词与换词游戏 英语声音理解力，优先注重影子跟读，不着急采取刷书法 a. 影子跟读课文 b. 影子跟读分级阅读读物 8. 建议每周进行至少 2 小时课外阅读 围绕孩子兴趣选书，可参照子贤老师推荐书单； 假期尽量带孩子旅游，哪怕不去外地，也可以是博物馆、科技馆、海洋馆…… 9. 抓住孩子语言发展的关键期（3~8 岁） a. 除阅读外，注重孩子的输出，每周讲一讲自己听过的故事、有意思的事、看过的书、学过的内容…… b. 尝试五感输出练习，可以模仿 c. 有余力的可以做一些古诗文学习 比如每周玩 5~10 个成语的拆字组词游戏、背诵古诗 / 小古文，或者做一些古诗文的课外阅读，可参照子贤老师推荐书单 10. 有余力的孩子尝试四种学习方法 a. 尝试"提取练习清单" b. 尝试"归纳总结清单" c. 尝试自主学习黄金流程 d. 每周参照教辅书上的思维导图，对本周学习的内容进行分类、梳理，讲出来或者模仿思维导图画一画

注：整个小学阶段家长都可以参考这张表格，坚持正确的事情。

学习动力点燃方案

孩子年级：＿＿＿＿＿＿＿　孩子当前各科成绩：＿＿＿＿＿＿＿＿＿＿＿＿＿＿＿

因材施教定战略			
一个学科			
核心方法		坚持多久	
需要的外部资源(书籍、教辅、课程、工具等) 这个流程或方法，需要用到什么外部资源吗？如果需要，请列出			

每周时间安排	周计划 每周需要执行这个方法几次，在周几
	☐ 周一　☐ 周二　☐ 周三　☐ 周四　☐ 周五　☐ 周六　☐ 周日
每次执行预计时长	

小步松弛促执行		
过程里做不到怎么办？	降级方案	
	坚持两个原则	原则1：情绪翻译＋一件好事 原则2：发现问题要点赞
	挑一句激励自己的话 (建议从贴纸中挑一句)	

自学星球

小步松弛促执行的三个核心
——智慧父母做减法、发现问题要点赞、目标对话四要素

先开始，再完美。所有孩子暂时做不到的，都可以降级，目的是开始。此外，把成功的标准从"考满分、变优秀"变成"发现问题，就是成功"。在设计方案时就要警惕自己是否有"一步登天"的想法，建议准备降级方案，并且可以和孩子直接沟通。

更重要的，是注意"目标对话四要素"，千万不要学完了训练营，感觉拥有了特别多的方法，就开始把自己的目标强加给孩子。学习动力点燃师的目标不是让孩子听我们的使用某种方法，而是在某个学科"帮孩子放大成就"，进而把孩子本来就有的"积极""清晰化"。

在这个过程里，最重要的沟通方式就是"目标对话四要素"。

在最后一节核心技能课，我们升级了"帮他行日记"中的"目标对话四要素"。把第 3 个要素从"引导聚焦"变成了"唤醒与放大希望"。"引导聚焦"只是唤醒与放大希望的一种手段，还有其他手段，如下所示。

目标对话四要素
1. 对话中时刻看见完整、立体、真实的生命
2. 立场明确——我只是提建议，决策权在你
3. 唤醒与放大希望
- ✓ 聚焦
- ✓ 降级
- ✓ 比赛
- ✓ 讲自己或子贤老师的"糗事"
- ✓ 用美好的未来唤醒孩子
- ✓ 多提几个建议
- ✓ ……
4. 确认行动或计划

附录

除了分数，缺失学习技能时，孩子身上一些可观测的日常表现

缺乏的学习技能	可能表现出的行为
情绪力	拖延和畏难：拖拉磨蹭、叽叽歪歪、不愿背诵、拒绝额外做题，逃避难题，执行力差，订了计划不坚持……
	不专注与焦虑：上课分心、频繁被老师告状、考试总错不该错的、情绪不稳定、晚上不睡、作息紊乱……
	移情和寄托：依恋甚至沉迷手机、游戏、短视频、小说、画画、追星、盲盒、卡牌、角色扮演等 （注：正常的兴趣爱好并不是移情）
	厌学、逃避与抗拒上学
	抑郁与其他身心健康问题
专注力	注意力易分散，主动聚焦能力偏弱：听课、写作业时（即使是短时长任务）有一点风吹草动就容易走神； 写作业时经常中断，去喝水、吃东西、玩橡皮或单纯发呆
	过度活跃：精力充沛，但在需要安静的时候依旧很难保持静止，经常躁动、扭动或离开座位
	易激动：从情绪中恢复平静需要的时间较长；严重时会出现伤害自己、他人的行为
	冲动：较难从过去的事情里总结经验，并指导当下和未来的行为；自我对话能力偏弱，因此较难听进别人的建议和要求
	自我激励能力弱：依赖环境的及时反馈与互动，较难通过自己内心的情感驱动战胜困难
	计划能力弱：碰到问题后，比较难以快速想出解决问题的多种方案，并制订计划
	摇摆：能观察到孩子对特定任务会过度兴奋，但对其他学习任务经常表现出不感兴趣
	注意力转移与执行能力偏弱：比如从一项任务转移到另一项任务时，容易跟不上，或执行不到位
	回避长时间任务：对于大多数时间较长的任务有明显的畏难情绪，甚至包括自己感兴趣的事情
	视听感官分辨和理解能力弱：阅读时常跳字漏字，跳行漏行，读完不知道读了什么；听到一段内容后，不确定是否听清，或者较难回忆听过的内容
理解力之有序	计算速度慢，或者总是粗心马虎
	一看答案发现知识都懂，但就是没思路，或者想到一半总卡壳
	作业、考试读题或做题速度很慢，思考时间很长
	依赖老师或参考答案，自己思考时总是搞不定
	思考难题没有耐心，就算听别人讲解，往往也听不下去、烦躁
	背诵速度很慢，总是觉得要背的东西特别多，没头绪
	概括能力弱，比如语文的概括段落大义、中心思想
	表达没逻辑，详略安排不恰当，写作文总是没思路
	不愿意做计划

缺乏的学习技能	可能表现出的行为
理解力之抽象概念	理科分数难以突破优秀线： 小学，难以超越满分的 95%； 初中，难以超越满分的 85%； 高中，难以超越满分的 75%
	分析问题的能力弱：难以举一反三，只会记忆，老师讲过的题目稍微变一下、绕一下就不会，因此听老师讲解和刷题的效果不明显 数理学科：小初应用题读不懂题，初高中看到题目后不知道考什么 语文：实用类阅读能力弱，文学类阅读没有踩分点意识 英语：不理解英语语法框架性概念 文科：容易背了就忘，材料分析题没有踩分点意识
	做校内作业速度慢：感觉学得"模糊""黏糊"，感觉大脑特别"重"，总之就是觉得难
	提取能力弱：让孩子复述所听的故事或课堂内容时，表现出思维混乱
	缺乏前置概念：高年级数感弱，计算容易出错；高年级部分科目跟不上课堂讲解，即使专注听讲，也难以理解老师讲的内容；或课上跟得上，但作业会有超过 1/3 的题目不会做
理解力之发现规律	遇到难题时，没有思路，不知道从何下手
	迁移经验的能力弱：难以举一反三，主要是无法实现多题一解，看到相似的已知条件和求解目标，不知道应用过往总结的经验和规律
	感觉这道题见过，但不会做
	以前做对的题，现在不会做
	错过的题反复错
理解力之语文感受力	感觉语文是一门玄学，学了好像没学
	作文写得很痛苦，写不出来
	缺乏书面语言：写作文，想到哪儿说到哪儿，经常是口水话和流水账
	阅读题中涉及分析人物、体会情感的题目无从下手
	有阅读量，但仍然不会做阅读理解题，答不到踩分点上
	答题模板不会用，模板空格不会填
理解力之英语声音理解力	小学背了单词，但拼写总容易出错
	不分年龄段，单词背完就忘
	英语课文背不下来，要花很长时间背
	听力题听不懂，不知道在说什么
	影响了学习英语的信念，进而导致学语法也没有兴趣和信心，慢慢地语法也学起来费劲
理解力之英语基础阅读能力	单词背了，但放在句子里依旧不认识
	阅读理解题得分低
	阅读速度慢，一篇阅读理解要做很久
	断句困难：在朗读或分析英文时，可能会频繁停顿；或者长一点的句子无法正确地划分句子成分，分析句型结构
	写作时，哪怕是简单句，也经常出现语法错误

写在最后

凡事皆有因果。孩子丧失学习动力，和"内卷"的环境息息相关，因为单一化的评价标准塑造了大量失败。

因此，也可以根据孩子当前的分数，找到点燃孩子动力的"核心燃料"。

当孩子的成绩低于中等偏下线时，点燃动力的关键是"有人懂"。

看见孩子完整、立体、真实的生命，积极天性自然绽放。

这个阶段的孩子在"内卷"的环境下，其感受不仅会被忽略，甚至有时会被粗暴地否定，甚至孩子自己都曾无数次地否定自己。

这个分数段孩子的家长，我们建议先疗愈自己，当自己内在稳定有力量之后，就会优先关注到孩子的情绪，看见孩子的失败：坚持写"懂孩子日记"1~2个月，尝试召开吐槽大会。此外，我们建议家长帮孩子找到学习之外的情绪容器，比如体育或其他的兴趣爱好——当孩子的生命状态开始放松时，成绩的提升往往是自然而然的结果。

当孩子的成绩处在中等偏下与优秀线之间，点燃动力的关键是"成就 + 自由"。

成功是成功之母。

这个阶段的孩子没有完全放弃学习，但他们的处境也接近"小透明"。学习可能已经让他们感觉疲惫，甚至缺乏意义。

这时如果孩子已经听不进家长的建议，我们依旧建议家长优先疗愈自己，当自己内在稳定有力量之后，就会优先关注到孩子的情绪，学会共情孩子在学习中体验的失败，坚持写"懂孩子日记"1~2个月，尝试召开吐槽大会。

关系是教育的前提。

如果孩子能和家长交流学习：第一，我们仍旧建议，一定要坚持"看见孩子完整、立体、真实的生命"，这是"内卷"环境下的珍贵习惯，可以为孩子的改变创造良好的环境基础。第二，我们建议家长坚持写"帮他行日记"，"有人懂"可以让孩子不放弃，"成就"才能点燃孩子长期的动力之火。先落实最近发展区检查法，进而聚焦相对优势学科，通过查表系统落实一套组合拳，帮助孩子放大成就。第三，孩子的成绩处于这个阶段，建议在家庭里设立"有边界的自由"。除了成就，用自由驱动孩子的成长。边界如何设立，可以参考以下两点：

1. 契约型家庭会议中的底线。任务的质量标准：过程质量或结果质量。

2. 当下聚焦学科，学习任务的质量标准：过程质量或结果质量。

当孩子的成绩已经达到优秀线，点燃动力的关键是"视野"。

生命是旷野，不是轨道。

如果孩子已经达到优秀线，我们建议家长要有意识地带着孩子从"竞争的泥潭"跳出来，学习不是为了打败谁，而是为了"见天地、见众生、见自己"。所以高度关注孩子的视野拓展：阅读、旅游、新闻、体育、社会活动等，推动孩子找寻自己的人生意义——找到超越考试的学习意义。

优秀的孩子也会体验失败，甚至更容易体验失败（自己对自己的要求较高）。关系一定是教育的前提。

如果孩子自己心心念念想要进步，从优秀冲刺卓越，核心依赖的是刻意练习，是练习成就了卓越，不是看书、听课。936法则，集中练习、集中归纳、集中重复的理念一定要融入孩子的学习。

这个阶段的孩子要深刻地理解"自主力"，呵护好奇心，保护"创造力"的种子——学习不是为了服从，而是为了找寻自己心中的答案，实现自己心中的目标。建议带孩子逐步尝试自主学习黄金流程。

结语

没人懂，我不行，学习动力等于零。

懂孩子，帮他行，主动学习我要赢。

家长朋友们，为你和孩子喝彩：因为我们踏上了生命教育之路！

除了孩子，我们自己的人生也是一条终身学习、终身成长的路。

祝你和孩子的生命都更加绽放！

实践是检验真理的唯一标准。

期待听到大家落地的好消息！